आत्मदपॅण

नारी प्रतिबिंब

सोनम गोयल

यह कविता संग्रह "आत्मदर्पण " मेरे जीवन के अनुभवों, सपनों और भावनाओं का संग्रह है । यह कविता संग्रह मेरे माता - पिता को समर्पित है जिन्होंने मुझे जीवन की पहली कविता सिखाई। मेरी कविताओं की यह यात्रा मेरे परिवार के साथ शुरू हुई, जिसने मुझे कभी भी अपने सपनों को पूरा करने से नहीं रोका। मुझे जीवन के हर मोड़ पर सहारा दिया और मुझे अपने सपनों को पूरा करने की शक्ति दी। मैंने अपने जीवन के संघर्षों, सपनों और अनुभवों को कविताओं की पंक्तियों में पिरोया है। मैं अपनी इस कविता संग्रह को अपने माता - पिता को समर्पित करती हूँ, जिन्होंने मुझे हमेशा प्रोत्साहित किया और मेरा हर कदम पर साथ दिया।

मेरे मार्गदर्शक

क्रम-सूची

क्रम-सूची

प्रस्तावना

आत्मदर्पण - नारी प्रतिबिंब

नारी की ज़िंदगी एक ऐसी किताब है जिसमें हर पल एक नया अध्याय खुलता है। मैं एक नारी हूँ और मेरी कविताएँ मेरे अनुभवों की गहराई से निकली हैं। इस कविता संग्रह "आत्मदर्पण" में नारी के संघर्षों, नारी की भावनाओं और नारी के सपनों को शब्दों में पिरोने का प्रयास किया गया है। बचपन से लेकर माँ बनने तक, नारी की जिंदगी में कई उतार-चढ़ाव आते हैं। विवाह के बाद नारी की जिंदगी में एक नया मोड़ आता है और वह अपनी नई जिंदगी से समायोजन करने का प्रयास करती है। कैसे वह अपने सपनों को पूरा करने के लिए संघर्ष करती है और कैसे वह अपने परिवार के लिए अपनी जिंदगी को समर्पित करती है, कविता का एक

-एक हर्फ़ एक नई भावना को प्रकट करता है। इस कविता संग्रह में बदलते रीति-रिवाजों को भी उजागर किया है,जो कभी नारी के लिए वरदान थे पर आज उन्हें रूढ़िवादी कह कर नकार दिया गया है। इस कविता संग्रह में हास्य और व्यंग्य के माध्यम से नारी की जिंदगी के विभिन्न पहलुओं को भी उजागर किया गया है। यहाँ तक कि आधुनिक नारी जो अपनी सभ्यता और संस्कृति को भूल गई ,उस पर भी प्रत्यक्ष कटाक्ष किया गया है। मैं आशा करती हूँ कि यह कविता संग्रह आपको नारी की जिंदगी के करीब ले जाएगा और नारी की संघर्षों को समझने में आपकी मदद करेगा।

सोनम गोयल

अध्यापिका (चंडीगढ़)

M.Sc. (IT), M.A. (Eco.)

M.A. (Eng.) , B.Ed. (Maths) , J.B.T.

भूमिका

मैं नारी हूँ ,मैंने इस कविता संग्रह के एक - एक शब्द को अनुभव किया है और जिया है। नारी की ज़िंदगी में बहुत सारे परिवर्तन आते हैं और नारी इन परिवर्तनों में अपने आपको समायोजन करने की कोशिश करती है। नारी के लिए ये समायोजन करना एक बहुत बड़ी चुनौती है । समाज को चाहिए कि वो नारी की मुश्किलों को समझें और थोड़ा सब्र रखे। शादी के पहले दिन से ही उससे उम्मीद की जाती है कि वह पूरे घर की जिम्मेदारी अपने सिर पर उठा ले ,पर समाज को सोचना चहिए कि वो अपने घर में एक बच्ची ही ती थी जिस पर कोई जिम्मेदारी नहीं थी। आज वो अपना घर ही नहीं छोड़ कर आई वो अपना बचपन ,अपना कमरा,अपना आँगन ,अपनी गलियाँ ,अपने सगे संबंधी ,अपनी सखियाँ ,अपनी पसंद, अपनी स्वतंत्रता ,अपने सपने और अपना अस्तित्व तक छोड़ कर आई है। लड़की को क्या, हर एक व्यक्ति को एक वातावरण से दूसरी वातावरण में ढलने के लिए समय लगता है इसलिए लड़की पर विश्वास रखें । उसको परिवर्तन होने का मौक़ा दें। उसका हौसला बढ़ाएं । उसकी पसंद नापसंद को तरजीह दें। उसको सम्मान दें । हरेक व्यक्ति में कुछ न कुछ विशेषता जरूर होती है जिसको वो विकास करके सफलता की सीढ़ी चढ़ सकता है पर एक लड़की अपनी शादी के बाद अपनी ज़िम्मेदारियों के बंधन में इतना दब जाती है कि वह अपनी आकांक्षाओं को दबा लेती है। उसके लिए परिवार ही सबसे ज़्यादा महत्वपूर्ण हो जाता है वो अपने आप को भूलकर परिवार के लिए जीती है । लेकिन समाज उसको कहता है कि यह तो एक मात्र गृहणी है लेकिन ये गृहणी अपनी इच्छा से गृहणी नहीं

बनी । इसको ग्रहणी बनाया गया है। वो आपके लिए गृहणी बनी है । वो अपनी परिवार की भलाई के लिए गृहणी बनी है और जब गृहणी नौकरी करती है ,फिर तो उसका दायित्व और भी बढ़ जाता है। नारी को भी अपने बड़ों का सम्मान करना चहिए और अपनी संस्कृति -संस्कारों को भूलना नहीं चहिए । मैं आशा करती हूँ कि मेरी कविताएँ नारी जीवन को नए दृष्टिकोण से देखने के लिए प्रेरित करेंगी और हमारे समाज में नारी सशक्तिकरण की दिशा में एक कदम बढ़ाएंगी।

पावती (स्वीकृति)

मेरी इस पहली कविता पुस्तक "आत्मदर्पण " की रचना में मेरे माता-पिता, भाई-बहन, जीवन साथी और बेटे का बहुत बड़ा योगदान रहा है। उनके प्यार, समर्थन और प्रेरणा ने मुझे अपने सपनों को पूरा करने के लिए आगे बढ़ने की ताकत दी। मैं अपने परिवार के सभी सदस्यों की आभारी हूँ जिन्होंने मुझे अपने लक्ष्यों की ओर बढ़ने के लिए प्रोत्साहित किया।

इस कविता पुस्तक में मैंने अपने निजी अनुभवों और भावनाओं को व्यक्त करने का प्रयास किया है। मैंने एक लड़की के रूप में जो अनुभव किया, महसूस किया, उसको इस किताब में दर्शाया है। मेरी किताब सिर्फ मेरा आत्मदर्पण नहीं बल्कि पूरी नारी जाति का दर्पण है जिसमें उनको अपना प्रतिबिंब कहीं ना कहीं जरूर नज़र आएगा ।

मैं आशा करती हूँ कि यह कविता पुस्तक आपको मेरे दिल की गहराइयों में ले जाएगी और आपको मेरी भावनाओं को समझने में मदद करेगी। मैं अपनी सहेलियों और अपने स्कूल स्टाफ के सभी सदस्यों की आभारी हूँ जिन्होंने मेरी कविताओं को सराहा और जिन्होंने मुझे अपने लक्ष्य की ओर बढ़ने के लिए प्रोत्साहित किया। उनके प्यार और समर्थन ने मुझे अपने सपनों को पूरा करने के लिए आगे बढ़ने की ताकत दी।

2025

आमुख

"आत्मदर्पण " पुस्तक
नारी का प्रतिबिम्ब दिखाती है।
अपनी शक्ति को पहचान,
आगे बढ़ना सिखाती है ।
आकांक्षाएं करके मुट्ठी में बंद ,
उड़ जा अपने सपनों के संग।
संस्कारों का भी रखकर ध्यान,
पूरे कर अपने अरमान।
करे अगर कोई तेरी फजीहत,
एक नारी की नारी को नसीहत
ना तू रुकना ,ना घबराना,
आगे बस तू बढ़ती जाना।
चलेंगे तुझ पर सूक्ति बाण,
पर तू ना होना, परेशान।
साहस को आँचल से बांध,
छू ले तू सारा आसमान।
मिलेगा तुमको सच्चा सम्मान,
दुनिया करेगी ,तुझ पर मान ।
दिखा दे अपनी शक्ति नारी ,
जीत ले तू सारा आसमान ।
सोनम गोयल

1. चुप्पी

"

मैं चुप हूँ, क्योंकि मेरे संस्कार हैं,

तुमने क्या सोचा ,औरत लाचार है!
मैं चुप हूँ , क्योंकि मुझमें शालीनता है,
तुम्हें क्या लगा, औरत में हीनता है!
मैं चुप हूँ , क्योंकि मुझमें सबर है,
तुम्हें क्या लगा ,औरत बेख़बर है!
मैं चुप हूँ , क्योंकि मैं भावुक हूँ,
तुमने क्या सोचा, मैं नाज़ुक हूँ !
मैं चुप हूँ , क्योंकि मुझमें ममता है,
तुम्हें क्या लगा ,यही इसकी दुर्बलता है!
मैं चुप हूँ, क्योंकि मुझमें आत्मविश्वास है,
तुम्हें क्या लगा, औरत कौन सा खास है!
मैं चुप हूँ , क्योंकि मुझ में शिष्टाचार है,
तुम्हें क्या लगा ,औरत गंवार है!
मैं चुप हूँ और मैं चुप थी ,
पर आज ये टूट गई चुप्पी।
जिंदगी के पन्नों से उतरकर ,
इन कागजों में आ गई है चुप्पी।
बस बहुत हो गया ,अब में दब गई हूँ ,
अपनी ही चुप्पी के तले।
इस चुप्पी के कारण ,
पता नहीं कितने आँसू बहे ।
पता नहीं कब आवाज बन गई,
हर अल्फाज में ,कैसे चुप्पी।
बस अब और नहीं चल सकती ,
कलम भी थक कर रुक गई ।
ये चुप्पी किसी ओर की ,किसकी ?
ये तो है कहानी हर औरत की ।

सोनम गोयल

ना औरत अबला ,ना है बेचारी ,
फिर इसने जिंदगी जीत के क्यूँ हारी ?
जिंदगी के इस पड़ाव पर,
पीछे मुड़ कर सोचती हूँ ।
कुर्बानी थी ? जरूरत थी ???
सजा थी ? या भूल थी चुप्पी ?

2. खोए हुए रंग

ये सफ़ेद कागज़, ये रंग अब, अनजान से लगते हैं।

ये उँगलियाँ ,ये हाथ कुछ, परेशान से लगते हैं।
वो प्लेट से छलकते रंग , आदत थे , जो हर दिन का,
ये पेंसिल ,ये रबड़ अब सामान सा लगते हैं।
जिन सफ़ेद कागज़ों पर , रंगों से खेलते थे कभी,
आज वो जिम्मेदारियों पर , कुर्बान से लगते हैं।
अधिक नहीं थोड़ी बहुत , तनिक जो कला थी,
थोड़ी फर्ज ,थोड़ी वक़्त ने , मिल कर भूला दी।
पहले वाले आज़ाद घंटे , अब कहाँ मिलते हैं,
ब्रश की जगह , हल्दी के निशान मिलते हैं।
चलो आज घिसा ली पेंसिल , कुछ पल जोड़ कर
मानो आज हाथ फिर से , जवाँ लगते हैं,
खुद की कला देख , हैरान से लगते हैं !
सच में भूली कोई , पहचान लगते हैं ।

3. भ्रूण की वेदना

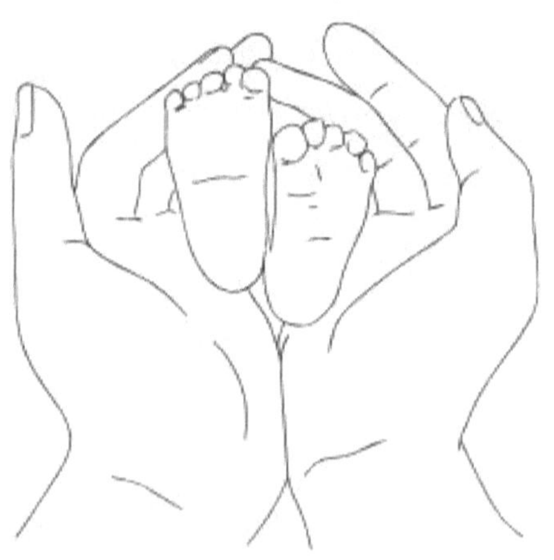

दुनिया को जाती भूल।
मैं भी सपने पूरा करती,
चार दीवारी से दूर
उड़ने से पहले ही काटे पंख,
सोचने की हुई भूल।
सारा जहां घूमती,
चाँद तारों को छूती
तितलियों को पकड़ती ,
हुआ क्या कसूर।
बिन बादल बारिश,
कैसे हुए , ऐ मानव
समझ ! ये तो है ,
जीवन का दस्तूर।
भगवान तूने न सुनी आवाज,
हुई मैं , कैसे आघात
भगवान तेरा न पिघला मन ,
तड़पा मेरा कैसे तन।
देख भगवान को ,भी हुआ गम
जा,भर ले अपनी, मुट्ठी में रंग
तेरे ख़्वाब भी पूरे किए
उड़ जा अपने,सपनों के संग।
अब भगवान बहुत ,खुश थे
अपने काम से ,संतुष्ट थे
अपने काम पर इतरा रहे थे
खुशियाँ बाँटते जा रहे थे।
हफ्ते दिन साल बीत गए
भगवान धरती पर घूमने गए

चेहरे पर ख़ुशहाली थी
मुट्ठी खोली तो, खाली थी !
देख भगवान हुए दंग
उड़ी थी तू ,सपनों के संग
चुनें तुमने सबके लिए
अपने लिए चुना, कौन सा रंग ?
मेरा परिवार ही , मेरा सपना
है उसी के लिए ही, सारे रंग
सुन भगवान, रह गए दंग
क्या यही थी, तुम्हारी सारी जंग ?

4. आत्मविश्लेषण

मंज़िल तुम्हें मिल जाएगी
एक क़दम उठाकर तो देख।
शक्तिशाली तू बन जाएगी

अपनी शक्ति आज़माकर तो देख।
आकांक्षाएं पूरी हो जाएंगी।
पंख ज़रा फैलाकर तो देख।
मंज़िल तुम्हें दिख जाएगी
पलकें ज़रा उठाकर तो देख।
बात तुम्हारी बन जाएगी
हर्फ़ ज़रा निकालकर तो देख।
सपनों को तुम छू जाएगी
हाथ ज़रा बढ़ाकर तो देख।
वक्त तुम्हें मिल जाएगा
खुदगर्ज़ ज़रा बनकर तो देख।
शालीनता तेरी कम नहीं होगी
हिमाकत ज़रा करके तो देख ।
जिंदगी हसीन लगने लगेगी
लुत्फ़ ज़रा उठा कर तो देख ।
मुठ्ठी तेरी भर जाएगी
हिम्मत ज़रा जुटा कर तो देख।
प्रतिबिंब तुम्हें मिल जाएगा
आईना ज़रा स्पर्श करके तो देख ।
खूबियाँ तुम्हें मिल जाएंगी
आत्मविश्लेषण ज़रा करके तो देख ।
उत्साह तेरा बढ़ जाएगा
"आत्मदर्पण " ज़रा पढ़ कर तो देख ।

5. माँ

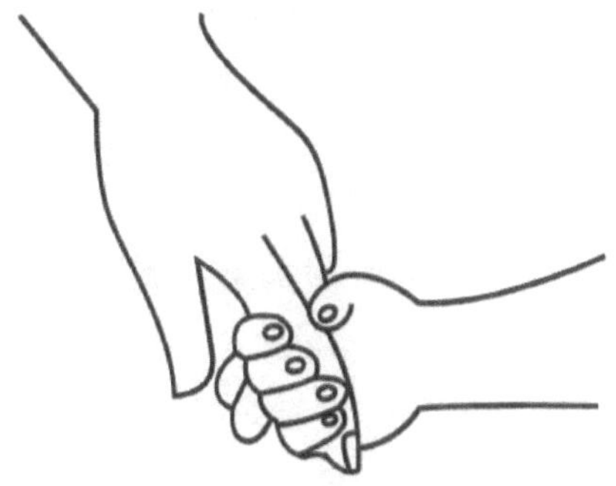

एक मुट्ठी ममता की ,

एक मुट्ठी क्षमता की,
एक मुट्ठी विश्वास की,
एक मुट्ठी साहस की,

एक बूँद करूणा की,

एक बूँद सहिष्णुता की ,
एक बूँद विनम्रता की,
एक बूँद धैर्यता की,

एक आँच बुद्धिमत्ता की ,

एक आँच सहनशीलता की,
एक आँच स्वतंत्रता की,
एक आँच सौम्यता की ,

एक रंग निष्ठा का ,

एक रंग निडरता का,
एक रंग कुशलता का ,
एक रंग सार्थकता का ,
बनती है ख़ूबसूरत सुराही जैसे ,
रची है ईश्वर ने हूबहू मेरी माँ वैसे।

6. वो कौन है ?

वो कौन है ?

वो कौन है रिश्ता ठुकराने वाला ?
वो कौन हैं साँवली बताने वाला ?
तेरा मन बिलकुल निर्मल है ।
वो कौन है तुझे न अपनाने वाला ?
वो कौन है तूझे कामन बताने वाला ?

तेरा आत्मविश्वास कद से कहीं ऊँचा है।
वो कौन है तुझे नापसंद करने वाला ?
वो कौन है तुझे चश्मिश बताने वाला ?
तेरी दूरदृष्टि कहीं तीव्र है।
वो कौन है तुझे नापने वाला ?
वो कौन है तुझे मोटी समझने वाला ?
तेरा मन साहस और धैर्य से भरा है।
वो कौन है तुम पर हँसी उड़ाने वाला ?
वो कौन है नाक टेढ़ी कहने वाला ?
तेरी नीयत तो बिलकुल सीधी है।
वो कौन है तुझे लियाकत सिखाने वाला ?
वो कौन है तुझे बदकिस्मत बताने वाला ?
तेरी किस्मत तो अच्छी है ,जो वो तुझे नहीं मिला ।

7. ममता का चश्मा
(व्यंग्य)

मेरी माँ

माँ है तो, अभी बचपन है
उम्र चाहे ,पचास- पचपन है।
माँ है तो, सुंदर बड़े हैं
तन से चाहे ,काले पड़े हैं।
माँ है तो ,नखरे बड़े हैं
बाहर चाहे ,लाइन में खड़े हैं।
माँ है तो ,स्वादिष्ट खाना
फीका लगे, "खाना ख़ज़ाना "।
माँ है तो, अक्ल बड़ी है
स्कूल में पड़ती , चाहे छड़ी है।
माँ है तो, होशियार बड़े हैं
अंक चाहे तेतीस पर खड़े हैं।
माँ है तो, शरीफ़ बड़े हैं
बस दो -चार थप्पड़ ही तो जड़े हैं।
माँ है तो, रहीस बड़े हैं
दोनों हाथ लड्डू से भरे हैं।
माँ है तो , ठाठ बड़े हैं
कबसे माँ की गोद चढ़े हैं ।
माँ की गोद है ,महँगी गाड़ी
इसके आगे क्या है फेरारी ।
माँ है तो कोई गम नहीं
आंखें होती ,कभी नम नहीं।
माँ है तो ,कोई डर नहीं
आँचल से बड़ा, कोई घर नहीं।

8. अध्यापिका की ममता

अपने बच्चे आँख के तारे
स्कूल के छात्र भी लगते प्यारे,

दुविधा में पड़ जाती है
जब माँ अध्यापिका बन जाती है।
स्कूल में बच्चे इन्तजार करें
घर में बच्चे सवाल करें,
सुबह बिस्तर पर ही , छोड़ आती है
जब माँ अध्यापिका बन जाती है।
औरत के बिना बच्चे अधूरे
चाहे घर के या स्कूल के,
दो हिस्सों में बँट जाती है
जब माँ अध्यापिका बन जाती है।
कक्षा में तो कितने बच्चे
कुछ झूठे हैं, कुछ हैं सच्चे,
झूठ उनका पकड़ लेती है
जब माँ अध्यापिका बन जाती है।
चिप्स ,बर्गर भूल हैं जाते
खाना सारे चुपचाप खाते,
सब्जी उनको खिला देती है
जब माँ अध्यापिका बन जाती है।
देखते ही , ख़ुश हो जाते
मन की सारी बात बताते,
भोलेपन पर मुस्करा लेती है
जब माँ अध्यापिका बन जाती है।
अपने सारे झगड़े बताते
एक दूसरे का नाम लगाते,
चेहरे उनके पढ़ लेती है
जब माँ अध्यापिका बन जाती है।
काम ना जब करके आते

पेट दर्द का बहाना बनाते,
इन्जेक्शन से धमका देती है
जब माँ अध्यापिका बन जाती है।
और किसी को नहीं जानते
उसकी हर बात मानते,
सुबह को शाम , कहलवा देती है
जब माँ अध्यापिका बन जाती है।
स्कूल में, घर की चिंता
बच्चों ने खाना खाया क्या ?
माँ की फिक्र बढ़ जाती है
जब माँ अध्यापिका बन जाती है।

9. अपरिभाषित

महिला ना लाचार है,
महिला ना बेकार है,
महिला ना असहाय है,

महिला ना निरुपाय है,
महिला ना अशिक्षित है,
महिला ना पीड़ित है,
महिला ना वंचित है,
महिला ना उपेक्षित है,
महिला ना दीन है,
महिला ना शक्तिहीन है,
महिला ना बेबस है,
महिला ना असमर्थ है,
सच कहूँ तो ,
महिला अपरिभाषित है ।

10. सताया पति (व्यंग्य)

नारी लाचार है,
नारी निराधार है
बस बहुत हो गया यारो ,

जले पर नमक न डालो ।
शादी करके तुम देखो,
असली रूप , फिर तुम देखो।
बड़े प्यार से पूछती है,
सब्ज़ी क्या खानी है ?
यारो सोचकर बताना , क्योंकि
आख़िर तुमने ही बनानी है।
वो प्यार से पूछती है,
मैं कैसी लग रही हूँ ?
यारो सच्चाई ना बताना ,
वरना ब्यूटी पार्लर का ख़र्च
पड़ेगा , तुम्हें ही चुकाना ।
बस किसी तरह अपनी
हँसी को तुम छुपाना,
ज़्यादा ज़ोर लगाए तो
विश्व सुंदरी ही बताना।
वह प्यार से पूछेगी ,
घूमने कहाँ है जाना ?
ज़्यादा दिमाग़ न लगाना , दोस्तो
क्योंकि आख़िर तुमको
पड़ेगा माइके ही घुमाना ।
यारो और क्या बताऊँ मेरा,
ना अब कोई ठिकाना
चाहे जियो रोकर ,
या जियो हँस कर
आख़िर समय उसी के,
साथ ही है बिताना।

ये कल की नारी नहीं,
ये आज की नारी है
ये कोई बेबस नहीं है ,
और न ही यह बेचारी है।

11. अस्तित्व

कुरूतियों के बंधन तोड़ना चाहती थी,

कपड़ों को बंधन समझ बैठी।
पढ़ना लिखना तुम चाहती थी,
गृहणी को बेकार समझ बैठी।
आत्म निर्भर होना चाहती थी,
नौकरों पर निर्भर हो बैठी।
ख़ुद के निर्णय लेना चाहती थी,
बड़ों का निरादर कर बैठी।
आत्मसम्मान तुम चाहती है,
शालीनता तुम भूल बैठी।
मोबाईल चलाना तुम चाहती थी,
खाना बनाना भूल बैठी।
कंप्यूटर चलाना तुम चाहती थी,
रिश्ते निभाना भूल बैठी।
विश्व सुंदरी बनना चाहती थी,
सोलह सिंगार छोड़ बैठी।
ख़ुद का बिज़नेस करना चाहती थी,
घर का हिसाब किताब छोड़ बैठी।
फ़ैशन डिज़ाइनर बनना चाहती थी,
सिलाई मशीन चलाना छोड़ बैठी।
एक बंधन से मुक्त होकर नारी,
दूसरे बंधन में फँस बैठी।
माना तुम आधुनिक बन गई,
पर अपना अस्तित्व छोड़ बैठी।

वक्तव्य

कुछ स्त्रियाँ आधुनिकता की आढ़ में अपने संस्कारों और मूल्यों को त्यागकर बेहुदा और असंयमित कपड़े पहनती हैं मदिरा पान करती हैं ,घर के काम को अपनी शान शौक़त के ख़िलाफ़ समझती हैं ,घर के छोटे छोटे कामों के लिए नौकरों पर निर्भर रहती हैं ,अपना समय परिवार से ज्यादा फेस्बूक और अन्य सोशल मीडिया को देती हैं और इसी को अपनी स्वतंत्रता मानती हैं।क्या वे सचमुच आत्मनिर्भर हैं? यह कविता नौकरीपेशा महिलाओं के खिलाफ़ बिल्कुल भी नहीं है अपितु नौकरी और परिवार में संतुलन बनाए रखने के लिए प्रेरित करती है जो कि आज के समय में औरतों के लिए सबसे बड़ी चुनौती है । इस कविता में मोबाईल और खाने का संबंध अनलाइन खाना ऑर्डर करने से है। कंप्युटर और रिश्ते का संबंध फेस्बूक पर कृत्रिम संबंध निभाने से है। यह कविता समाज में व्याप्त इन नकारात्मक प्रवृत्तियों के प्रति चेतावनी देती है और स्त्रियों को अपने संस्कारों और मूल्यों को बनाए रखने के लिए प्रेरित करती है। गृहणी तो अपने आप में एक बहुत बड़ा दायित्व है पर सवाल यह है कि नारी को अपने आप को सिद्ध करने की आवश्यकता क्यूँ पड़ रही है ? इसके लिए हमारा समाज ही काफ़ी हद तक जिम्मेदार है जिसने गृहणी के काम को कभी महत्व ही नहीं दिया ।

12. बेरोज़गार गृहणी

समानता का लेकर अधिकार,
नहीं रही अब बेरोज़गार।
बड़े बड़े बिज़नस चलाती,
काम से बिलकुल न घबराती।
दो मंत्रालय हैं उसके हाथ,
घर की हो या नौकरी की बात।

आत्म निर्भर आज की नारी,
नहीं रही है अब बेचारी।
गृहिणी भी किसी से कम नहीं है,
कौन कहता है, उसमें दम नहीं है।
घर का खाना ,कपड़े, सफ़ाई,
न कोई आमदन, न कोई कमाई।
मिलता नहीं कोई टी.ए. - डी.ए.,
चाहे पास हो एम.ए. ,बी.ए.।
नहीं मिलती कोई इत्तफ़ाक़िया छुट्टी,
बी. पी. बढ़े ,चाहे कमर हो टूटी।
काम उसके लगते हैं आम,
बिन वेतन के, करती है काम।
नौकरी से फिर मिल जाती छुट्टी,
घर में ऐसा कोई समाधान नहीं है ।
ओ.पी.एस. की बात क्या करनी,
एन.पी.एस. का भी कोई , प्लान नहीं है।
काम के घंटे फिक्स नहीं है,
रिटायरमेट का कोई नाम नहीं है।
फिर भी कहते हैं सारे,
गृहिणी को कोई काम नहीं है।

13. कप प्लेट

तीस साल बीत चले,
हमारे इस सफ़र के,
चाय के कप गवाह हैं
हमारी इस डगर के ।
इन कप प्लेटों के साथ
हमने सुख दुख बाँटे थे ,
हमारी हँसी के ठहाकों से
ये कप भी कांपे थे।

कितने ख़्वाब हमने,
मिलकर संजोए थे ।
ये बिस्किट जब हमने,
चाय में डुबोए थे ।
मीठी चाय की,
चुस्कियां लेकर
खट्टी मीठी
बातें करते थे,
बातों का कोई
सिर पैर नहीं था,
उल्टी बातें करते थे।
हफ़्ते , महीने ,साल
कैसे बीत गए ,
कुछ बचे कप
और कुछ टूट गए ।
गंभीर बातें करनी,
हम कब सीख गए,
कभी माने तो,
कभी रूठ गए ।
काले बाल कब
सफ़ेद हो गए ,
कब हम गृहस्थी,
वाले हो गए।
कब हमें बी . पी .,
शुगर हो गई,
मीठी चाय कब,
फीकी हो गई।

संग कही ये,
छूट ना जाए,
बचे कप टूट,
ना जाए ।
अकेलेपन का,
डर सताए ,
पति पत्नी का,
अटूट गठबंधन ,
काश आज की पीढ़ी,
समझ पाए ।

14. बिखरते रिश्ते

अगर साथ चलना है तो ,
रुकना भी , ज़रूरी है।
माना आत्मसम्मान चाहिए,
पर झुकना भी , ज़रूरी है।

माना सब कुछ तैयार मिलता है,
पर हुनर भी , ज़रूरी है।
माना सपने साकार चाहती है,
पर बुनना भी , ज़रूरी है ।
माना तेरी मुश्किलें है
पर समझना भी , ज़रूरी है ।
माना तू शृंगार नहीं करती,
पर सादगी भी , ज़रूरी है।
माना तेरी स्वतंत्रता है,
पर संस्कार भी , ज़रूरी है।
माना अकेली घूम सकती है ,
पर सही दिशा भी , ज़रूरी है।
माना दुपट्टा नहीं ओढ़ती,
पर शालीनता भी , ज़रूरी है।
माना लड़कों से कम नहीं है,
पर ममता भी , ज़रूरी है ।
माना तू नौकरी करती है,
पर परिवार भी , ज़रूरी है।
माना तो आधुनिक बन गई
पर लज्जा भी , ज़रूरी है।

15. नववधू

माँ जिसे परोसती थी खाना
आज ससुराल में परोस रही है,
सोचो क्या महसूस किया होगा
क्या समायोजन की परिभाषा यही है ?

एक दम से इतना बदलाव
नखरे करती थी जो हज़ार,
मन ही मन वो झकझोर रही है
क्या इस स्त्री की परिभाषा यही है ?
कल तक पहनती थी जो जींस
आज साड़ी में घूम रही है,
कितना उसने खुद को बदला
क्या शालीनता की परिभाषा यही है ?
कल तक सहेलियों में ,घूमती थी
फ़ेसबुक पर लगी रहती थी
सब्ज़ी क्या बनाऊँ , सोच रही है
क्या अंतर्वेदना की परिभाषा यही है ?
कल तक बिस्तर से ना उठती थी
सुबह , गेट के ताले खोल रही है
इतना बदलाव झेला होगा कैसे उसने
क्या नववधू की परिभाषा यही है ?

❖

16. सोलह सिंगार

माथे पर लगाएँ कुमकुम,
एकाग्र रखता है , सारा दिन।
पहनते हैं , जब माँग टिक्का,
बढ़ जाती स्त्री की एकाग्रता।
सिंदूर से शांत रहता मन,
शारीरिक तापमान को करें नियंत्रण।
आँखों में डालिए काजल,
आँखें हो जाएँगी उज्जवल।
नथ में भी बहुत है दम,
डलिवरी का दर्द करे कम।
क़ान में पहनें बाली,
ठीक कर दें किडनी और
ब्लैडर की प्रणाली।
बालों में फूलों का गजरा,
रहता मन ताजा और खिलखिला।
गले में पहनकर हार,
नियंत्रण करें वाणी और संचार।
बाजूबंद का बड़ा आभार,
बढ़ जाता है रक्त संचार।
मेहंदी से सजते हैं हाथ,
कर देती आंतों को शांत।
चूड़ियों की हाथों में खन खन,
रक्तप्रवाह को करती नियंत्रण।
पहनें अनामिका में अंगूठी,
नसें दिल और दिमाग से जुड़ी।
ना हुइए कमरबंद से आहत,

माहवारी और गर्भावस्था में मिलती राहत।
पायलों से ना रहो वंचित,
नसों को दबाकर करती नियंत्रित।
बिछुए की भी अद्भुत शक्ति,
बढ़ जाती है प्रजनन शक्ति।
पहनें लाल शादी का जोड़ा,
भावनाओं में लाए स्थिरता।
नहीं है ये ,देहाती सिंगार
रखिए अपनी सेहत का ख्याल ।

17. तेरे बिना कुछ नहीं

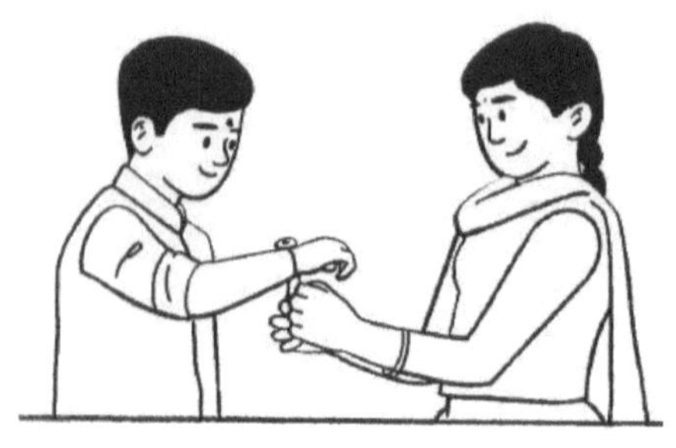

तू नहीं तो किससे बाँधवाऊँ
आखिर राखी का त्योहार, तुम्हीं से है ।
तू नहीं तो किसकी करूँ अर्चना
आखिर नवरात्रि भी तो , तुम्हीं से है।
तू नहीं तो किसके साथ लूँ फेरे
आखिर हमसफ़र तो तुम्हीं ,से है ।
तू नहीं तो किसके रचूँ मेहँदी
आखिर तीज भी तो , तुम्हीं से है ।
तू नहीं तो छननी से कौन देखे
आखिर करवा चौथ भी तो, तुम्हीं से है ।

तू नहीं तो ज्ञान , कौन बरसाए
आख़िर सरस्वती पूजा , तुम्हें सी है
तू नहीं तो साहस कौन दे
आखिर दुर्गापूजा , तुम्हीं से है ।

18. आघात

आज मेहंदी कल फेरे
एक पहर का ही तो अंतर है।
आज विदाई कल ससुराल
एक शहर का ही तो अंतर है।

आज कुंवारी कल विवाहित
एक दायित्व का ही तो अंतर है।
आज़ जींस कल साड़ी
एक पोशाक का ही तो अंतर है।
आज ग़रूर कल सिंदूर
एक वचनबद्धता का ही तो अंतर है।
आज फ़ेसबुक कल लिपस्टिक
एक चेहरे का ही तो अंतर है।
आज राजकुमारी कल रानी
एक अंचल का ही तो अंतर है।
आज स्कूटी की पी.पी.,
कल कुकर की सीटी
एक ध्वनि का ही तो अंतर है।
आज अंगड़ाई, कल रसोईघर
एक फ़र्ज़ का ही तो अंतर है।
आज दीदी कल भाभी
एक रिश्ते का ही तो अंतर है।
आज भाई कल देवर
एक झगड़े का ही तो अंतर है।
आज बेपरवाही , कल ज़िम्मेदारी
एक दायित्व का ही तो अंतर है।
आज सपने ,कल हक़ीक़त
एक स्वतंत्रता का ही तो अंतर है।
आज शोरगुल , कल सन्नाटा
एक होंठों का ही तो अंतर है।
आज सोनम गुप्ता
कल सोनम गोयल

एक नाम का ही तो अंतर है ।
एक आत्मदर्पण दो प्रीतिबिंब
क्या छोटा सा ही अंतर है ???

19. संयम

मैं बहुत खुश हूँ,
क्योंकि मेरी ज़िंदगी
बहुत ख़ूबसूरत है।

अपने बनाए आशियाने में ,
तुम जैसों की नहीं ज़रूरत है।
क्यों ख़र्च करूँ अपनी वाणी,
समय और सुकून उनके लिए।
क्यूँ ना इनका इस्तेमाल करूँ,
अपने ख्वाब बुनने के लिए।
नहीं है कोई शिकवा,
अफ़सोस तुम जैसों के लिए।
मेरी तो सिर्फ़ एक खामोशी काफ़ी है
तुम्हें अपना आईना दिखाने के लिए।

20. पराया घर

पापा जब ऑफ़िस से आते
अपनी गुड़िया को गले लगाते
डांटते मारते कुछ न कहते ,
नहीं रख सकते, आँखों से दूर,
क्यों पिता फिर झुक जाता है।

ना जाने कब घर माइका बन जाता है ।
माँ मेरे भी नखरे सहती
रोज़ जल्दी उठने को कहती
मेरे लिए हर पल परेशान है रहती
मैं करती थी कितनी भूल,
माथा सोच के ठनक जाता है
न जाने कब घर माइका बन जाता है।
इस छोटे से आशियाना में
कितने पल थे हमने गुज़ारे
भाई बहन से लड़ते-लड़ते
बड़े हुए हम सब सारे,
फिर वक़्त क्यों ऐसे थम जाता है
न जाने कब घर माइका बन जाता है।
कभी घर की दीवारों पर चढ़ते
कभी छत पर उछलते कूदते
कभी पड़ोसी की घंटी बजाते
हँसते गाते, शोर मचाते,
फिर क्यूँ सन्नाटा छा जाता है
न जाने कब घर माइका बन जाता है।

21. चकला बेलन (व्यंग्य)

हमें लगते थे खिलौने,
मेले से हमेशा हमने ,
वे दोनों ही लेने ,
नन्हे हाथों में पेड़ा लेकर,
लग जाते थे रोटी बेलने ।
आज बड़े हुए तो,
चकला बेलन का मतलब,
समझ में आया,
अब कहते हैं ,
हे भगवान तुमने,
चकला बेलन क्यों बनाया ?
चकला बेलन एक बड़ा दायित्व,
शादी के बाद समझ में आया।
जब ससुराल ने,हमारे हाथ में थमाया,
कितनी ही रोटियां बिल दी,
हिसाब तो हमने कभी ना लगाया ।
पर इस ने बहुत बार,
टूटते घर को है बचाया ।
कब हफ़्ते दिन साल निकल गए,
पर आराम ना चकला ने,
ना ही मैंने कभी पाया ।
खैर ,चकला बेलन और मैनें,
कितनी बार रूठे हुए को मनाया,
" खाना नहीं खाना " कहकर,
जब किसी ने बड़े नखरे से खाया,
चकला बेलन और मुझे,
हास्य बहुत आया ।

22. माँ का बचपन(व्यंग्य)

वो भी क्या नज़ारे थे

जब सारे पल हमारे थे,

न कोई चिंता न कोई फ़िक्र थी

लेकिन थप्पड़ भी पड़ते करारे थे।

ना कोई ठहराव ना कोई रुकाव

ना हमारे कोई ठकाने थे,

तुम क्या जानो वो अस्सी के ज़माने थे।

शाम को गलियों में,

गुल्ली डंडा हम खेलते थे,

कभी कभी गेंद से ,शीशे भी तोड़ते थे
फिर पड़ोसी आते ,घर पर बताने थे
हम कौन सा शरीफ थे
हमको भी आते कई बहाने थे,
तुम क्या जानो वो अस्सी के ज़माने थे।
उसी पड़ोसी के टी . वी .पर
रामायण हम देखते थे,
फिर इकट्ठे होकर शाम को
हनुमान का खेल खेलते थे,
हनुमान की पूँछ के
सब बच्चे दिवाने थे,
तुम क्या जानो वो अस्सी के जमाने थे।
माथे पर तिलक लगाकर
मंत्र हम पढ़ते थे,
लाल कुल्फ़ी लेकर हम
जीभ लाल करते थे,
एक रुपये में तब
आते चार आने थे,
तुम क्या जानो वो अस्सी के ज़माने थे।
अगर टी . वी . न चले तो
उसको ज़ोर से थपथपाते थे,
टी . वी . पर "शक्तिमान" अंकल
कैसे हमें हँसाते थे,
जिस दिन टी . वी .पर मैच आता ,
आते नहीं गाने थे,
तुम क्या जानो वो अस्सी के ज़माने थे।
हर इतवार को फ़िल्म हम देखते थे,

मम्मी की चुन्नी लेकर
पर्दा हम खोलते थे,
पापा की बेल्ट लेकर
डाएलॉग हम बोलते थे,
"गब्बर" के डाइलॉग ,आते हमें सुनाने थे,
तुम क्या जानो वो अस्सी के ज़माने थे।
"मिले सुर मेरा तुम्हारा " गीत
उबाऊ हमें लगते थे,
व्योमकेश बक्शी से
हम बच्चे बहुत डरते थे,
"रुकावट के लिए खेद है "
दूरदर्शन वालों के कारनामे थे,
तुम क्या जानो वो अस्सी के ज़माने थे।
"वाशिंग पाउडर निरमा "
सारे बच्चे गाते थे,
विक्स की गोली भी
टॉफी की तरह खाते थे,
उंगलियों में पापड़ पीले
डालकर हमने खाने थे,
तुम क्या जानो वो अस्सी के ज़माने थे।

23. साधारण औरत

पीना भूल जाती हूँ??
बनाऊँ तो क्या बनाऊँ
सोच में पड़ जाती हूँ,
क्या सबको अच्छा लगेगा
माइंड रीडर बन जाती हूँ??
ख़ाने की तारीफ़ क्या कर दी,
बहुत खुश हो जाती हूँ,
दो नहीं ,तीन नहीं
भर भर रोटी खिलाती हूँ??
ख़ुद के लिए ,आटा कम पड़ जाए तो
एक से काम चला लेती हूँ,
ऐसी कई अनकही बातें,
मन में ही ,छुपा लेती हूँ??
सब की उलझनें ,सुलझा दूँ,अपने
बालों की उलझन ना सुलझा पाती हूँ,
फिर भी आईने में देखूँ तो
विश्व सुंदरी बन जाती हूँ??
हफ़्ते, साल कब निकल गए
कुछ ना जान पाती हूँ,
सर्दी ,गर्मी से रोधक हूँ,
मौसम से ना घबराती हूँ??
वॉट्स ऐप पर मेसेज करने में
एक सेकेंड मैं,लगाती हूँ,
लो बन गया वूमेंस डे
ऐसे 8 मार्च मैं मनाती हूँ??
मैं हूँ ना कोई किरण बेदी, ना
झाँसी की रानी बनना जानती हूँ,

मैं हूँ एक महज घर संचालिका
साधारण औरत, कहलाती हूँ??

मैं हूँ एक महज घर संचालिका
साधारण औरत, कहलाती हूँ??

24. अजब इत्तेफ़ाक़

<u>"प्राक्कथन "</u>

(ये कविता मुझे उस समय की याद दिलाती है ,जब बारिश का मौसम था और हम चारों सहेलियाँ इत्तेफ़ाक़ से काले रंग के कपड़े पहन कर स्कूल आ गईं थीं । आम तौर पर महला अध्यापिकाओं को घर का काम निपटाकर ,स्कूल समय पर पहुँचने की जल्दी होती है । वे थकी हुई स्कूल पहुँचती हैं ,पर क्या होता है जब एक दूसरे के काले वस्त्र देखती हैं ।)

"

"

घर की दहलीज़ के
बाहर रखकर क़दम ,
निकले बेख़बर काले
कपड़े पहने हम ।
ना सोचा था कभी,
ऐसे मन मिल जाएंगे ,
ज़िंदगी के शिकवे भूल
थके मन खिल जाएंगे ।
क्या हुआ अगर ,
कुछ पल हम अपना

फ़र्ज़ भूल गए ?
क्या हुआ अगर
दुनिया से छुपते छुपाते
आसमान में उड़ गए ?
क़ैद कर लिया काले रंग ,
को अपनी यादों में ,
कभी सफ़ेद बालों को,
ये भी याद आएंगे ।
शायद उस पल ये मन,
फिर सोच कर मुस्कुराएँगे।

25. ऐसी हो अगर पति की सोच

तेरी बिंदी का लाल रंग
ऊर्जा और साहस दिखाए।
तेरी चुनरी का नारंगी रंग
रचनात्मक और आकर्षण बनाए।
तेरे गजरे का पीला रंग
खुशियों और आशा जगाए।
तेरी चूड़ी का हरा रंग
विकास और संतुलन बनाए।
तेरी साड़ी का नीला रंग
शांति और विश्वास जगाए।
तेरे काजल का काला रंग
शक्ति और रहस्य सुलझाए।
तेरी गजरे का गुलाबी रंग
प्यार और स्नेह जगाए।
नारी में इतनी सकारात्मक ऊर्जा
हमेशा सही दिशा दिखाए
शायद इसी लिए भगवान ने
पुरुषों के लिए हमसफ़र बनाए।

26. अनामिका

"

तू सरिता है
दर्पण दिखाती है।
तू रोशनी है

रास्ता बताती है।
तू चाँदनी है
शीतलता देती है।
तो धूप है
अहंकार मिटाती है।
तू पवन है
दिशा दिखाती है।
तू पुष्प है
सौम्यता फैलाती है।
तू कोंपल है
नवजीवन देती है।
तू कविता है
नई सृजना करती है।
तू किनारा है
आत्मविश्वास देती है।
तू अनामिका है
नाम रोशन करती है।
तू आत्मदर्पण है,
प्रतिबिंब दिखाती है ।

परिचय

2025

नाम - सोनम गोयल

जन्मस्थान - नाभा (पटियाला),पंजाब

शैक्षणिक योग्यता - Msc.(IT), M.A(ECO.), M.A(Eng.), B.Ed(Maths), J.B.T

विद्यालयीन शिक्षा - गवर्नमेंट गर्ल्स सीनियर सेकन्डेरी स्कूल,नाभा (1991-98)

बीए - गवर्नमेंट रिपुदमन कॉलेज, नाभा (1998-2001)

पी.जी.डी.सी.ए. - लाल बहादुर शास्त्री महिला कॉलेज ,नाभा(2001-02)

जे. बी. टी. - DIET नाभा (2001-03)

बी.एड. - जसदेव सिंह संधु कॉलेज ऑफ एजुकेशन पटियाला(2004-05)

व्यवसाय - गृहणी और अध्यापिका

शगल - चित्रकला,लेखन,सजावट,मेहंदी,डिज़ाइनिंग,हस्तशिल्प

रुचि - जीवन के हर पहलू में रचनात्मकता

भाषा ज्ञान - हिन्दी ,पंजाबी , अंग्रेजी ,संस्कृत

आदर्श वाक्य - चुनौतियों को अवसरों में बदलना

पहली किताब - आत्मदर्पण

मार्गदर्शक - मेरे माता-पिता

समर्थक - मेरे पति

समीक्षक - डॉ. गीतांजली , डॉ. रिधी गर्ग

वर्तमान निवास - चंडीगढ़

www.ingramcontent.com/pod-product-compliance
Lightning Source LLC
Chambersburg PA
CBHW031325130726

47988CB00007B/2990